FABULARIO BISIESTO

FABULARIO BISIESTO

ÁNGEL GARCÍA LÓPEZ

Valparaíso
EDICIONES

Número 454 de la Colección VALPARAÍSO DE POESÍA
dirigida por FEDERICO DÍAZ-GRANADOS

Diseño de la colección: Chari Nogales
Collage de portada: Felipe Benítez Reyes

Primera edición: febrero de 2025

© De los poemas: Ángel García López

© Valparaíso Ediciones
C/ Fray Leopoldo, 7 bajo, 18014 Granada
www.valparaisoediciones.es

ISBN: 979-13-87538-18-7
Depósito Legal: GR 67-2025

Impreso en España - *Printed in Spain*
Gráficas Gami

FABULARIO BISIESTO

A Juan José Vélez,
poeta y "triple paisano por mar, cielo y oeste andaluz"

"…a dó los maestros de la poetría,
a dó los rimares de gran maestría,
a dó los cantares, a dó los tañeres?"
FERNÁN SÁNCHEZ CALAVERA

"(…) turbia manada
y todos los demás que, paso a paso,
pacéis los alcaceres del Parnaso (…)"
LOPE DE VEGA

"Poetas tentempié, gente ridícula.
¡Atrás esa bambolla! ¡Que se calle!"
BLAS DE OTERO

"DEL AUTOR A UN SU AMIGO" (*)

Así es, señor hidalgo, la Poesía
y no hay manera alguna de rescate,
a un dislate le sigue un disparate
y al disparate una disentería.

Cómo poner en orden la que un día
fue primada del arte y su acicate,
si hoy depende su voz de un botarate
que legisla valía y plusvalía.

De un mafiosillo que montó el negocio
repartiéndose el lucro con el socio,
cómplices de la lluvia del maná.

Así que ya lo ve, señor hidalgo,
hoy la poesía es almojarifalgo,
casino con ruleta y bacará.

(*) En el Prólogo de *La Celestina*.

AGAPITO SILVA, POETA DIPLOMADO EN EL TALLER POÉTICO DEL *JUEWES*, RECIBE LA RESPUESTA DE LA GÜIJA ACERCA DEL ESTADO ACTUAL DE LA POESÍA

Limpiar sus huesos de la gusanera
y del camastro de la enfermería
ha de ser la inmediata cirugía
antes de que sea tarde, y se nos muera.

Hay que lavar su imagen lastimera,
y acabar de una vez con la sangría
de la que duele, exangüe ya y baldía,
convertida en vulgar adormidera.

Porque asfixiada en páginas leprosas,
infestada por ídolos y diosas
encumbrados con dolo y falsedad,

ni Dios divino, con su voz más pura,
rescatarla podrá de esta basura
celebrada hoy con tanta impunidad.

EPITALÁMICA

Conchito Rosicler ha desposado
al palmito más bello de la Corte
y, en la dicha de hacerla su consorte,
se ha visto doblemente afortunado.

Poeta del montón, nada afamado,
sin escribir jamás nada que importe,
el porte de su dama —y la cohorte
de suspiros que roba— le ha encumbrado.

Autor de no sé qué cuando soltero
siempre eclipsó lo soso del coplero
la luz del deslumbrante bellezón.

Y por ella es un genio, el gran poeta
al que van a editar su Obra Completa.
Con su señora como colofón.

TRAS TREINTA AÑOS Y PICO
DE TRABAJOS FORZADOS CON LA PLUMA
Y SER LA VOZ ESCRITA DE UN ÁGRAFO
IMPORTANTE,
EL POETA LEONCIO MOSCAMUERTA
SE DESPIDE DEL PATRÓN Y DEL RESTO
DE LOS "NEGROS"
CON UN EQUINOCCIAL CORTE DE MANGA

Lo que se daba ha terminado, hambrones.
Se acabó soportaros, se termina
compartir vuestra podre en la letrina
y el continuo bajar de pantalones.

Adiós, sumiso hatajo de capones
expertos en usar la vaselina
y en convertir en gallo la gallina
o en Kansas City a Torrelodones.

¡Que el marrón aproveche, camaradas!
Repartíos a escote las jugadas
según prodigue azar su lotería.

Feliz más que ninguno es quien disfruta
con el vaso diario de cicuta
y el sapo que se trague cada día.

LAUDATIO AL EX(S)IMIO DON QUERUBÍN DEL ÁRBOL, APLAUDIDO EQUILIBRISTA Y AUTOR DEL LIBRO "RIMAS Y RAMAS", AL TOMAR POSESIÓN COMO BIBLIOTECARIO DEL ZOOLÓGICO

Desde pequeño usted fue una monada,
rasgos sin copia, músculos e instintos
que a lo humano rompieron los precintos
recobrando una forma antepasada.

Al parecer no estaba caducada
la estirpe de ese gen —datos no extintos
de ancestros y primates variopintos—
que engendró su mamá cuando preñada.

La edad multiplicó sus monerías,
saltos sin red, voladas, fantasías
que afamaron su vida como icono…

Pues todo valorado, el Patronato
le nombra, vitalicio, Vocal nato.
Y celebra que usted siga tan mono.

SUPLICIO PEÑALOSA EXPLICA SU CONVERSIÓN A LA PROESIA (*SIC*) Y EL EJERCICIO DE SU APOSTOLADO

Haced lo que hice yo, querido vulgo,
cuando un aura grabó sobre mi frente
lo oculto de lo hermoso, el diferente
soplo divino con el que comulgo.

¡Despertad a otro sueño! Yo promulgo
la muerte de los versos... Y es urgente
que el vasto mundo de la inculta gente
conozca el evangelio que divulgo.

Ajeno ya de idiocias y de engaños
en que anduve confuso tantos años,
jamás seré tribuno de una plebe

que a las liebres confunde con conejos.
¡Dejad romances, odas y ovillejos,
y empezad a prosar, según se debe!

UN GRUPO DE JÓVENES POETAS REIVINDICA, ANTE LA POESÍA Y SU CORTE DE ADVENEDIZOS LAUREADOS, LA CONDICIÓN DE DISIDENTES IRREDENTOS FRENTE A LAS VIEJAS Y LAS NUEVAS FORMAS

Oh, tú, divina Diosa, atenta escucha
este ruido implacable, la charanga
donde suena esa hueca mojiganga
de Venecia, la berza y la babucha.

El arte, y su verdad, llama a la lucha
contra el rey de la pringue y la fritanga
del cáncer de la banda y su mandanga,
culpables de la nueva paparrucha.

Por no exigir que sane en la letrina
el verso la tormenta de su flato
y purgue cada vientre su cantar,

hoy tu antigua belleza es esta ruina
donde maúlla un cordero y bala un gato
orquestando qué danza hay que bailar.

EL POETA ULISES VERDIALES, VETERANO DE SU PARTICULAR GUERRA DE TROYA, RECUERDA EL MAR AQUEL CON SU PELIGRO AL OÍR CANTAR UN TEMA DE CAÑITA BRAVA A LAS SIRENAS, DISFRAZADAS AHORA DE VECINAS DE SU CASA DE MÁLAGA

¿Podrán mis ojos hoy seguir vivientes
si fueron ya cerrados y en clausura
cegados viven, son su sepultura,
su muerte sellan, para siempre ausentes?

¿Por qué otra vez, sirenas inclementes,
la música y el canto y la hermosura
arañáis en la antigua quemadura
que aún duele a mis oídos imprudentes?

¿A qué mástil atarme de la aurora
si el que suena es Cañita y me envenena
la belleza a que obliga su garganta?

Ay, Circe, buena amiga, ¿qué haré ahora
sino morir, cegado y alma en pena,
mientras el coro de sirenas canta?

JUSTIFICACIÓN AL POETA TASCIO SIBIO, YACENTE EN LA NECRÓPOLIS ROMANA DE CARMONA

Orinar, puro gozo, es solo prisa
cuando apremia ese toque de corneta
que llama con urgencia en la bragueta
sin que puedas ponerle cortapisa.

Negarse es imposible. A cualquier hora,
si urgido del diurético el resorte,
en el sitio en que estés, sin que te importe,
sueltas el zumo de la cantimplora.

La próstata, insurgente, es la culpable.
Y, si empuja en el grifo de la orina,
sin sitio pertinente, todos mean.

Por eso, caro Tascio, es perdonable
que, en la tumba en que estás con Agripina,
abril te esté lloviendo. Aunque me vean.

BARRABÁS GONZÁLEZ, EDITOR DE MONSERGAS LITERARIAS, RECHAZA UN LIBRO DE POEMAS DE Á. G. L., JUSTIFICÁNDOLO POR SU FIRMA TAN VULGAR QUE, DICE, SUPONDRÍA UNA INVERSIÓN SUICIDA

Así no puede ser, que si quisieras...
En tu cuna ya fuiste coronado
de lauro eterno y silbo destinado
a derribar del arte las fronteras.

Su música te dieron las esferas,
sumiso el mar, el viento sofocado,
y un señuelo cruel predestinado
a mil patadas en tus posaderas.

Los dioses seminales te eligieron
a coro de entre todos y te ungieron
divino el estro, eterna tu canción.

Destruye, sin dolor, tus apellidos.
Y juro, por mis muertos, los oídos
oirán hablar de un nuevo Juan Ramón.

II

Con estos mimbres no serás un mito.
Busca apellido musical y raro,
certero en la diana su disparo,
algo que te proyecte al infinito.

Algo que suene bien, algo bonito.
Un rayo que en lo oscuro brille claro,
que te libere de tu desamparo
y torne lo vulgar en exquisito.

Que a papá y a mamá les den morcilla.
Por su culpa eres sólo calderilla
y no el trino que envidie el ruiseñor.

Si haces caso verás que no hay problemas,
aplausos lloverán a tus poemas...
Y del negocio ya me encargo yo.

INODORO MARTÍN Y FLOR DE ENDRINA, DEL ILUSTRE COLEGIO POÉTICO DE HITA, INTERCAMBIAN SU AMOR EN LAS ZAHURDAS DE GUADALAJARA

Ella, un tufo que asfixia los confines,
piel repulsiva de rijoso aroma
y efluvios, que almacena en su redoma,
destilados Dios sabe en qué bacines.

Y él, sudores mezclados con orines,
metano y alcanfor, un papiloma
recuerdo de visitas a Sodoma
y un alcoholismo que ni en sanfermines.

Él y ella, sin freno en sus ardores,
deciden compartir cuerpo y olores
sin miedo a que lo limpio les infeste.

Y así, a diario, al borde del infarto,
sin usar —¿para qué?— jabón "Lagarto",
rebozados de versos y de peste.

ARPEGIO SONIQUETE, POETA JUBILADO, INTENTA ESCRIBIR EN UN TUGURIO DEL OLIMPO EL QUE PUDIERA SER SU ÚLTIMO VERSO

Con hambre ya atrasada, urgido el caso
según llegó al Olimpo, el tal poeta
obseso en los asuntos de bragueta
—pisados los umbrales de su ocaso

y a pique de oxidarse el marcapaso
y tener que cortarse la coleta—,
usar quiso en el vicio su escopeta
sin temerle al gatillo ni al fracaso.

Por sumar al disparo un plus de fama
le exigió de Polimnia su servicio
el poetastro impaciente a la madama.

Y, aunque atenta la doña al beneficio,
al verla, sin vivir, de cama en cama,
explicó lo imposible del fornicio:

"Hay nueve musas en la mancebía
y todas rebosando lozanía.
Así que otra cualquiera…
                                        La Poesía,
entre okupas, nerones y el usía,
hodida está la pobre noche y día".

"TORRES DE DIOS, POETAS..."

Oído, y visto, en el rastrillo de Tetuán
de las Victorias, de Madrid

"¡Por tres bragas, un libro! —pregonaba
una voz que atronaba el mercadillo—
¡Vaya oferta que hago a tu bolsillo!
Sabía yo que esta venta me arruinaba...

Ay, nena; si yo fuera me compraba
por un precio menor a un bocadillo
la caja con el resto del hatillo,
que menudo tesoro me llevaba.

¡Por tres bragas, un libro...! Cosa buena,
cien por cien algodón... Y un libro, nena...
¡Es que regalo, aunque parezca vendo!

Y escucha... Los de hoy son de poesía.
De un Federico no sé qué García
que escribe guapo, y hasta yo lo entiendo."

CRISÁLIDO ALCORCÓN,
POETA ATRIBULADO,
DUDA DE LO INFINITO DE SU SUERTE

Al fin palmó la bruja, envenenada
de tanta mala uva, y sus millones
los dejó en una bolsa bien colmada
al mártir del viudo, un juancalzones

que, apenas la diñó la desdentada
—su causa eterna de tribulaciones—,
comprobarla, por fin, bien enterrada
fue la mayor de sus preocupaciones.

Y aunque la vieja extinta está bien yerta,
que calla y no respira ni se mueve,
por temer resucite aquella arpía

ha pedido la autopsia de la muerta,
no sea que el "Haber" torne a ser "Debe"
y vuelva al juancalzones que solía.

FOTOGRAFÍA AL MINUTO
(Sobre un caballo de cartón)

Juan María Jaén Ávila —noria
de ciudad y apellido urbisinfónico—
ejemplo fue de un numen anacrónico
y eterno candidato de la gloria.

Su estro, en salsa verde o pepitoria,
fue faisán o gallino prosifónico,
y, por ser paradójico y tan clónico,
el Parnaso cuestiona su memoria.

Asténico, solícito, indulgente,
sincrético, esquelético, amoroso,
profesoral, juncal y cordial,

fue modélica máquina viviente
de los versos más raros, prosa y proso,
y de un largo poema sin final.

"OLOR A TI DEBIDO", DE EUSEBIO PIEDRAHITA, PREMIO ÓPERA PRIMA OTORGADO POR EL CONSEJO REGULADOR DE RIPIOS

Emular quiso al padre en lo que ha sido
—un poeta vetusto y remilgado,
muy pulcro, muy señor, muy perfumado,
tan repeinado como bien vestido—

y, sin dudarlo, el hijo ha decidido
colgar la negra toga de abogado
y engendrar un sahumerio, publicado
aunque nunca sabremos si leído.

Porque una vez abierto, nadie sabe
entender de lo escrito cuál la llave,
lo miren del derecho o del revés.

Un planto filial del que presume
y que, al comprar un frasco de perfume,
en su nombre regala "El Corte Inglés".

TARDE DE TOROS EN IXBILIAH

Un nombre de postín en el cartel.
Tintilla y oro. Un dios sobre la arena.
Sudando el sol. La plaza, ardiendo, llena.
Todo el coso, expectante, para él.

Y el diestro, en la mitad del redondel
intentando sin suerte la faena,
volviendo a comenzar, y a dura pena
sin poderse entender con el burel.

¡Ay, este toro de los siete males!
Que se marchaba vivo a los corrales
escrito estaba ya sobre el albero...

Después de la vigésima estocada
la presunta valía del espada
murió esa tarde tras el burladero.

*

(Igual que pasó al pobre "Hermafrodito",
un poeta de moda al retortero
al que dieron las musas finiquito
y, además de borrarle lo ya escrito,
le prohibieron la pluma y el tintero).

LA SOCIEDAD FILANTRÓPICA "EL OJO AMENO" ENCARGA QUE SE ILUSTRE, PARA MAYOR EXORNO DEL CUARTO CENTENARIO DE SU MUERTE, UN SONETO DE LUPERCIO LEONARDO DE ARGENSOLA, CON EL RESULTADO QUE SE CUENTA

"...ni es cielo ni es azul".

De todos los posibles candidatos
a decorar la obra del artista
un bisojo fue el listo de la lista,
el enchufado de los sindicatos

que, ajeno a las protestas y alegatos
en contra por lo visto de su vista,
defendió frente a todos su conquista
repintando unos sucios garabatos.

Y tan torpe, convicto de una ciencia
que del arte anunciaba estar vacía,
los versos destinados como herencia

al libro universal de la Poesía,
los convirtió en engendros magistrales,
mellizos del horror, biz-visuales.

SE EXPLICAN LAS VENTAJAS DEL ÚLTIMO MODELO DEPORTIVO QUE EPULÓN, JEFE DEL SINDICATO (AMARILLO) DE AMANUENSES, SE HA COMPRADO EN EL SALÓN DEL AUTOMÓVIL

Su ritmo sideral, a trochemoche,
creación menos humana que divina,
drogota abstemio de la gasolina,
tiene un precio de ganga.
                              Y no hay derroche

en cohete que, mucho más que coche,
al esnifar de extraña medicina,
mejor coloca que la cocaína
flipando en la autopista de la noche.

Impulsado desde un control remoto,
listo el bólido, solo, sin piloto,
engulle las distancias a destajo.

Pero lo que más mola es lo añadido:
a Lázaro, el chofer, lo he despedido
por extinción del puesto de trabajo.

DE LOS POETAMBRES, DE LA POSVERDAD
Y DE LA VICEBERZA (*SIC*)

Según la vieja escuela de Manuela
hay que hablar a los guisos en su idioma
y, unas veces en serio, otras en broma,
buscarle el sortilegio a la cazuela.

Qué tesoro hay aquí para que huela
con esta intensidad, con este aroma,
que al que mira le empuja a que lo coma
y al olfato, con mimo, lo camela.

Es la berza, señores, es la berza,
fábrica de sabores y de fuerza
con que al verso enfrentarse y a la vida.

Guiso inventado para relamerse
y comer sin parar, sin contenerse,
sin dar jamás la tripa por vencida.

II

Cada olla del pueblo es un decreto
donde esconde la gula ese pecado
que impide se termine lo empezado
de este invento divino del mayeto.

De aperitivo, un cazo bien repleto.
Y, después, otro amplio y bien colmado.
Y, de postre, si aún queda del guisado,
otro cazo, más lleno que discreto.

Y si algo sobró, Dios nos lo guarde
para empezar de nuevo a media tarde,
cuando el cuerpo reclame más pitanza.

Y que así, sin final, gloria bendita,
la cuchara con hambre, nunca ahíta,
jamás termine de llenar la panza.

III

Y ahora vengan perniles. A dos manos,
a dos mesas, dos platos, dos carrillos.
Para empezar nos bastan los colmillos,
Dios los conserve para siempre sanos.

Para el resto de dientes veteranos
tercetos, serventesios, cochinillos,
chuletas, entrecot y solomillos
y el mejor alimento de cristianos.

Por un soneto, un cuarto de cordero;
por una caldereta, una elegía
según el hambre acucie a la Poesía.

Por otra buena berza un libro entero.
Y una olla repleta como tema
del que escriba el estómago el poema.

AGÓNICO INCAPAZ, ETERNO URGIDO, CONSULTA A PONCIO EL VIEJO CÓMO LLEGAR A "SER GÓNGORA EN UN DÍA"

Si abreviar pretendes el camino
conviértete en la sombra de algún trepa,
la náusea métete donde te quepa
y brinda con aceite de ricino.

Ten siempre el disimulo por vecino,
muéstrate adulador de pura cepa,
aprende a conspirar sin que se sepa
y a comulgar con ruedas de molino.

Y pon en lo aprendido mucho esmero.
Te adoptará un padrino como ahijado
y serás uno más de su familia.

Y, después, de su fama el heredero.
Y un poeta por todos aclamado
al modo que acostumbran en Sicilia.

ACUSE DE RECIBO A MARTÍN GALA GÓMEZ TRAS RECIBIR SU ÚLTIMO LIBRO

¡Oh, qué libro, qué libro; qué hermosura!
¡Qué regalo de Dios poder leerte,
saber de tu talento, conocerte,
degustarle lo impar a tu escritura!

¡Oh, qué libro, qué ingenio, qué fritura,
qué salsa, qué compota, qué gran suerte
gozar de un cocinero que convierte
en placer de papilas la tortura!

Por tuyo das lo que sabemos todos
que has guisado con él de varios modos,
de pie, sentada, levitando a ratos.

Y, según requiriera su momento,
a fuego arrebatado o fuego lento
de acuerdo con la urgencia de los platos.

SOBRE OLIVIO SALPICÓN, POETA VENECIANO AÚN CONVALECIENTE DEL VIAJE Y DE LA GESTACIÓN DE SU POEMA

Nació aquel verso, igual que nació el día,
con un gesto doliente de desgana
y una góndola bella, veneciana,
el Gran Canal surcó de la Poesía.

Y el mar total, la luz, su fruslería
con rostro de dorada porcelana,
dejando en el trasluz de la mañana
un halo bobo de cursilería.

Y una música triste, un amor ido,
otro amor por venir, desconocido,
unidos en sus símbolos fatales.

Y la lágrima inútil, y el concierto
de lo rancio, novísimo y tan muerto,
flotando en el puré de los canales.

DESCRIPCIÓN PORMENORIZADA DEL RETRATO DEDICADO CON EL QUE ANTÍNOO GARCÍA, JOVEN GADITANO DE BOLONIA AUTOR DE SILVAS Y DE ENDECHAS AL APAREAMIENTO DE LAS MARIPOSAS, ATIENDE PETICIONES CURSADAS DESDE TÍVOLI

El bozo rubio, urente, que delata
lo grácil de una lánguida sonrisa.
La frente entre arrogante e indecisa
y las mejillas de tostada plata.

Y una luz boreal que brilla innata
de la miel de la carne circuncisa.
Y el borbotón caliente de una brisa
que núbil, desde el cuerpo, se desata.

El pelo ensortijado, el níveo cuello
sosteniendo en su torre lo más bello.
Y el jardín y la fragua del verano

ardiendo, flor desnuda, en la figura
donde enfermar los ojos de hermosura
y entregarse al amor de un dios humano.

*   *   *

("¿Otra vez este plasta de Adriano?
¡A ver si ya termina este mareo
de whatsaap, de teléfono y correo,
y se olvida del rollo este fulano!)

EL PROFESOR ASDRÚBAL DE LA MAZA POR FIN DESENMASCARA A GINESITO QUETEVÍ, CAPO DEL MENTIDERO DE LAS GRADAS DE SAN FELIPE

¿Quién se puede creer de ti, criatura,
que el mar sin fin de la literatura,
cabe en tu metro y medio de estatura
y en lo cursi y vulgar de tu incultura?

¿Quién, ingenuo, creerá conocer tanto
—con Dios me acuesto, con Dios me levanto—
de Quevedo, del manco de Lepanto,
del bello cisne —Góngora— y su canto,

si en cada engendro de tu escribanía
enferma de estulticia la poesía
embadurnada de garrulería?

Cállate de una vez. Pon bajo llaves
tu pluma, tu sapiencia donde sabes.
¡Tira de la cadena cuando acabes!

PANDORO, CRÍTICO LITERARIO Y REPORTERO DE SUCESOS, ABRE AL ALBUR LA CAJA DE PANDORA, SU MUJER, Y NECESITA AUXILIO MÉDICO

Esta caja ya olía a quien yo sé,
al hedor de su axila depravada,
a heces de pocilga fermentada
y a los venenos del olor a pies.

Desde lejos ya olía a lo que es,
un rebufo de orín y vomitada
y lava estromboliana defecada
por el ojo que mira y que no ve.

Por abrirla sufrí la penitencia:
el tufo nauseabundo de la rosa
y el jardín sepulcral de la Poesía

de tres autores, y su pestilencia
—Este, Ese, Aquel, el de la voz gangosa—,
refocilados en la porquería.

II

Este pozo fecal sin tapadera
lo inocente del aire mortifica
de una putrefacción que se mastica
y amenaza la vida de cualquiera.

Si uno hiede, el otro lo supera;
y, a ambos, el tercero los triplica;
si juntos, el hedor se multiplica
y es vientre que, en el aire, se aligera.

¿Y es esta la poesía, el firmamento,
los planetas, las mil constelaciones
del novísimo, y rancio, testamento?

Menuda plasta celestial, Pandora;
nada le pueden, ni las abluciones.
¡Ten cerrada la caja, en buena hora!

HOMERO JUNIOR, POETA POSNOVÍSIMO Y PREMIO NACIONAL DE MÍMICA, SEÑALA EL PORVENIR DE LA POESÍA

Por fin alumbra el sol a la Poesía
y unas voces distintas piden paso;
las otras, las de ayer, lloran su ocaso,
la muerte que les mate cualquier día.

Por eso está difunta Rosalía
y enterrado está el mustio Garcilaso;
Manrique, ese pesado, colmó el vaso
con el rollo tristón de su elegía.

Adiós a Blas de Otero, a Luis Rosales,
José Hierro, Gerardo..., y al engaño
de unos versos infames con falsilla.

Se acabaron, por fin, vicios y males
que a la afición le hicieran tanto daño
en redonda, negrita o bastardilla.

PERE PAU PUIGCORBÈ I CASTANYÈ DEL PUIG, REERCARNACIÓN DE LOPE Y DE QUEVEDO, DE JUAN DE JAÚREGUI Y DE GÓNGORA, DE HERRERA Y JUAN DE ARGUIJO, DE FRANCISCO DE RIOJA Y DE RODRIGO CARO, ETC., ETC., DA LECTURA AL POEMA, TEMA LIBRE, PREMIADO CON LA VIOLA D'ARGENT EN LAS JUSTAS POÉTICAS DE LA BOTIFARRA

(Badalona, 2011)

Tantos mayores versos escribidos,
pluma de ánsar por Amor cortada,
la vida en dos mitades rebanada,
calor urente que abrasó mil nidos.

Tantos dolidos versos esparcidos,
lluvia de oro sin pasión gozada,
y el alma desde antaño encadenada
a más desdenes de los merecidos.

Sitio seguro del dolor, abiertos
ojos de llanto para siempre yertos
y apenas si ofrecidos a la vida,

su herida del vivir la muerte envida.
Y en tanta vida consumida advierte
la hijoputada de la mala suerte.

MOISÉS RIOBOBO,
NUEVO EN ESTA PLAZA

*"Albarda y cabestro
eran nuevecitos,
con flecos de seda
rojos y amarillos".*
TOMÁS DE IRIARTE

La carta credencial de este farsante,
embajadora de su atroz figura,
es la historia infeliz de un caradura
y un eructo melódico pedante.

Burro flautista, pájaro parlante,
coz y bandurria, ripios, partitura
del retrato peor de la criatura
y el continuo roznido de un tunante.

Do de pecho y espalda, voz de clueca,
trovar de pico y pala y discoteca
a cambio de un gin-tonic sin pagar,

el cantautor llegado al vertedero
es tan sólo el gestor del gallinero
de los gallos que adornan su cantar.

EFESIO CAPIROTE, POETA EN EXCEDENCIA Y LADRÓN DE LIBROS POR ENCARGO, CARECE DE PETICIONES DE TRABAJO

Era un caso ejemplar. Atento al paño
escrutaba los libros del rebaño,
hasta hallar escondido y solitario
el posible negocio millonario.

Y mejor que lo hicieran los de antaño
—¡como poco, dos chollos cada año!—,
por un pequeño susto al talonario
el trabajo bordaba de sicario.

Con su cara de sabio despistado
en un pispás, botín localizado,
dejaba el anaquel deshabitado.

Y —aquí te pillé, libro; aquí, te mato—,
sorteaba controles y fielato
como si nunca hubiese roto un plato.

II

La vida se ganaba con holgura.
Encargos, a diario, no faltaban.
Ninguno como él. Se lo rifaban
a pesar del grosor de la factura.

Al llegar un pedido, con premura
y un arte que los otros envidiaban,
sus manos pecadoras exhumaban
la pieza de la ajena sepultura.

Pero aquello acabó, no es como era.
No quedan ni abducidos ni lectores
que asesinen por un volumen raro.

Hoy el superviviente es un hortera
que compra al peso títulos y autores.
Y Efesio, el pobre caco, está en el paro.

ARGIMIRO MUÑOZ, EJEMPLO PARA MUCHOS DE FORTUNA

¡Por fin la gloria, hermano! Llegó el día
de alcanzar con el verso lo soñado,
la fama y el aplauso entusiasmado
en tiempos de penuria y de sequía.

Se ha cumplido la eterna tropelía,
que un poetastro cualquiera, desahuciado,
se convierta en poeta laureado
y en el señuelo de la nombradía.

Después de triturar la Gaya Ciencia
y abusar de lectores y paciencia,
al sitio llegas que el laurel procura

a quienes rebuznáis con boca y manos
y llenáis de agua sucia los pantanos
donde el arte se ahoga en la basura.

EL POETA EVARISTÓTELES ORTIZ ES ACLAMADO COMO HIJO PREDILECTO DE ARREBOL DE ARRIBA TRAS RECIBIR LA FLOR NATURAL EN LOS JUEGOS FLORALES DE ARREBOL DE ARRIBA

Te admiran, con razón, los editores,
el cálamo y las musas, los poemas,
la metáfora, el ritmo, los fonemas,
los bellos papagayos de colores.

Y los lectores y los cantautores,
la métrica y su tarta de mil cremas,
el soneto, las odas, las pamemas
y el monopolio de los ruiseñores.

Todos en procesión, con su pancarta,
engarzan con tus versos una sarta
de perlas imposibles de emular.

Y los poetas de Arrebol de Abajo,
ninguno como tú de listo y majo,
intentan a tu musa secuestrar.

¡Feliz el pueblo que nacer te ha visto!
¡Gloria y prez para el monstruo de Evaristo,
orgullo de este lírico lugar!

NARCISO CHILINDRÓN, ESTUDIOSO DEL GÉNERO POÉTICO, PROPONE, A LA EDITORIAL "VERSOS DE ORO", UNA EXIGENTE ANTOLOGÍA QUE SEPARE EL TRIGO DE LA PAJA

¡Ya está bien de aguantar tanto cretino,
tanta mentira, tanto adocenado,
tanto oropel y tanto premiado,
tanta gala y concierto palatino!

¡Ya está bien de tantísimo pollino,
de tanto mediocre camuflado,
de algún liliputiense laureado
que presume de genio de Aladino!

¡Delatemos a estos monigotes!
¡Lluevan sobre su bodrio mil azotes
como ruina que son de la poesía!

¡Hartos ya de bicocas y nepotes,
coloquemos su verso entre barrotes
hasta que abjuren de su apostasía!

II

Hay que primar lo nuestro, lo exquisito,
lo contrario del canon de esos memos
que ignoran, por sistema, lo que hacemos
y aplausos niegan a lo bien escrito.

Frente a tanta cabeza de chorlito
en lo elegido seleccionaremos
lo opuesto a la creación de esos blasfemos
y al monoverso de su monolito.

Agur a los farsantes paniaguados,
zánganos oficiales y becados,
zafios trapisondistas palaciegos.

Tendrán cabida sólo los cabales:
los poetas con Flores Naturales
que la antípoda son de estos borregos.

NEMESIO CICLOSTIL,
ESCRIBA TITULADO

Se creyó, el pobrecito, la receta
y fue a un taller —de los que abundan tanto—
que, aprendido a rimar "manto" con "llanto",
le otorgó el doctorado de poeta.

Con mecánica igual a la calceta,
punto va, punto viene, ejerció el canto
y adornó de nenúfares y acanto
el birrete estrenado y la muceta.

Siguiendo el mal consejo del demonio,
soñando ser Machado —don Antonio—
y cogido a la mano de su musa,

a cualquier hora, con cualquier excusa,
al *cum laude* exigiéndole laureles,
ensució varias resmas de papeles.

Y, en el mismo taller en que aprendiera
a ser heraldo de la primavera,
imparte clases a futuros vates
que, como él, fabrican disparates.

PLÁCIDO LÓPEZ, POETA EMÉRITO, INVITA A LA UTOPÍA AL JOVEN FLAVIO, QUE PIDIÓ CONSEJO SOBRE CÓMO LLEGAR A SER POETA

¿Sabías que el camino harás a oscuras?
Ve despacio, sin prisa, sin sofoco;
el milagro descifra poco a poco,
sin urgencia, muy lento, sin premuras.

Entre las sombras y sus veladuras
prosigue con sigilo hacia lo ignoto,
hasta ver transparente lo remoto,
libre al fin de celadas y ataduras.

Despacio y sin temor, sólo contigo,
obediente a la voz que te llamara
para darte dolor por alimento.

Hasta ver que la luz es ya testigo
de un alba sin final, la noche es clara
y, el alma, luminaria del portento.

ÍNDICE